합격 믿음 선포

하나님의 자녀인

나

(수험생 성명)

주님의 크신 은혜와 능력으로

대학교

대학에

합격할 것을 믿으며
예수 그리스도의 이름으로 선포합니다.

(서명)

(선포자 성명과 서명)

믿는 자에게는 능히 하지 못할 일이 없느니라 - 마가복음 9:23

이 책의 사용방법

1. 이 책을 받은 그 날짜에 바로 시작하되, 매월 1일이 되면 다시 날짜에 맞춰 기도를 시작하고 반복하십시오.

2. 30일 동안 매일 적당한 시간을 내어, 글씨는 눈으로 읽되, 기도는 주님이 듣고 계신다는 믿는 마음으로 간절히 반복해서 하십시오. 확신이 생길 것입니다.

3. 「기도하기 전 읽고 묵상할 성구」에 기록된 성경 말씀을 암송한다면(강추!) 더 큰 힘과 확신을 줄 것입니다.

• • •

본문 중 '선배 크딩 꿀팁'은 "주일 성수도 잘하고/ 입시 준비도 잘해서/ 서울대에 합격한 14명의 공부 비법을 쓴 책" 「고딩, 파이팅!」(나침반 발행)에서 발췌한 내용입니다.
꼭 "그 대학에 가라"는 뜻은 전혀 아니고, 이들의 공부 방법과 비전이 수험생들이나 부모들에게 정보와 격려가 되리라 생각돼서 편집한 것이니 오해없기 바랍니다.

대입 합격을 위한
수험생 무릎 기도문

나침반

나에게 주신 하나님의 약속들

두려워하지 말라 / 내가 너와 함께 함이라 / 놀라지 말라 / 나는 네 하나님이 됨이라 / 내가 너를 굳세게 하리라 / 참으로 너를 도와 주리라 / 참으로 / 나의 의로운 오른손으로 너를 붙들리라
- 이사야 41:10

내게 능력 주시는 자 안에서 / 내가 모든 것을 할 수 있느니라
- 빌립보서 4:13

오직 / **여호와 하나님을** / **앙망하는 자는** / 새 힘을 얻으리니 / 독수리가 날개치며 올라감 같을 것이요 / 달음박질하여도 / 곤비하지 아니하겠고 / 걸어가도 / 피곤하지 아니하리로다
- 이사야 40:31

아무 것도 염려하지 말고 / 다만 모든 일에 / 기도와 간구로 / 너희 구할 것을 / 감사함으로 / 하나님께 아뢰라 / 그리하면 / 모든 지각에 뛰어난 하나님의 평강이 / 그리스도 예수 안에서 / 너희 마음과 생각을 지키시리라 – 빌립보서 4:6,7

너희 중에 누구든지 / 지혜가 부족하거든 / 모든 사람에게 / 후히 주시고 꾸짖지 아니하시는 / 하나님께 구하라 / 그리하면 주시리라 – 야고보서 1:5

그런즉 / 너희가 먹든지 마시든지 / 무엇을 하든지 / 다 하나님의 영광을 위하여 하라 – 고린도전서 10:31

우리가 알거니와 / 하나님을 사랑하는 자 / 곧 그의 뜻대로 부르심을 입은 자들에게는 / 모든 것이 합력하여 / 선을 이루느니라 – 로마서 8:28

두 가지 열쇠

하나님께서 당신이 성공적인 대학생이 되기를 원하신다고 믿습니까? 그러면 소매를 걷어 올리고 공부를 시작하십시오.

하나님께서 당신이 다른 사람들이 불가능하다고 생각하는 것을 하기를 원하신다고 확신합니까? 그러면 삶의 목표가 "하나님을 위해 큰 일을 시도하고 하나님으로부터 큰 것을 기대하라"라고 했던 윌리엄 케리(William Carey)의 말을 기억하십시오.

이 중요한 지침을 당신과 함께 나누면서 생각해 볼 것이 있습니다. 그것은 **"목표를 가진 사람은 살아 있는 물고기와 같이 물을 거슬러 올라간다"**라는 말입니다.

만약 당신이 하나님 안에서 하나님을 향해 조용히 일하기 시작한다면, 하나님께서는 당신이 하나님을 믿는 것보다 더 크게 문을 열어 주시기 시작한다는 것을 발견하게 될 것입니다.

다른 사람들이 당신 옆에서 무모하게 돌진해 지나갈지도 모릅니다. 그러나 장기적으로 보면, 속도는 중요한 것이 아니고 정말 중요한 것은 방향입니다.

성공을 위한 열쇠는 희귀한 것이 아닙니다. 성공의 열쇠들은 그간 잘못 사용하고 소홀히 해서 단지 녹슬었을 뿐입니다.

성공을 위한 첫 번째 열쇠는 하나님께서 당신이 일생 동안 무엇을 성취하기를 원하는지를 발견하는 것이고, 믿고 일을 하는 사람에게는 불가능한 것은 없다는 사실을 인식하는 것입니다.

성공을 위한 두 번째 열쇠는 성경에 나타난 대로 그 목표에 도달하기 위해 당신 인생을 훈련시키는 것입니다.

당신이 무언가 해야 한다고 느낄 때 하십시오.
그리고 그것이 오래 걸릴지라도 계속하십시오.
- 헤롤드 세일러 박사

차례

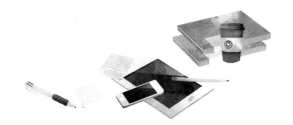

1일

대학 시험을
준비하며
하나님의 역사를
경험하게 하소서

기도하기 전 읽고 묵상할 성구

"여호와(하나님)는 나의 힘과 나의 방패시니 내 마음이 저를 의지하여 도움을 얻었도다 그러므로 내 마음이 크게 기뻐하며 내 노래로 저를 찬송하리로다"(시편 28:7)

The LORD is my strength and my shield; my heart trusts in him, and I am helped. My heart leaps for joy and I will give thanks to him in song.

저를 하나님의 자녀로 삼으시기 위하여
십자가에서 모진 고난을 받으시고
돌아가신지 삼 일 만에 부활하신
구원의 주님을 송축합니다.

전지전능하신 능력의 주님,
오늘도 승리할 수 있는 말씀과 힘을 주심을
감사합니다.

저도 주님 안에서
행복한 하루가 되게 해주시고
저의 삶에 하나님의 역사하심이 있게 해주소서!
대입을 준비하는 과정에서
하나님의 선하심과 역사하심,
복 주심을 체험하게 하시고,
목표를 향하여 가면서 하나씩 점검하고

준비하는 과정에서 그것이 주님의 도우심임을
깨닫고 기뻐하게 해주소서.

"너희 안에서 행하시는 이는 하나님이시니
자기의 기쁘신 뜻을 위하여 너희에게 소원을 두고
행하게 하시나니"(빌 2:13)라고 하신 주님,
주님께 간절히 기도하며
주님 저를 온전히 맡길 수 있는
믿음도 주소서.

오늘도 살아서 역사하시는
예수님의 이름으로 기도합니다. 아멘.

마음의 준비만이라도 되어 있으면
모든 준비는 완료된 것이다.
- 셰익스피어 -

2일

주님께서 원하는 대학과 학과를 잘 선택하게 하소서

기도하기 전 읽고 묵상할 성구

"여호와(하나님)께서 아브람에게 이르시되 너는… 내가 네게 보여 줄 땅으로 가라 내가 너로 큰 민족을 이루고 네게 복을 주어 네 이름을 창대하게 하리니 너는 복이 될지라"(창세기 12:1,2)

The LORD had said to Abram, Leave your country, your people and your father's household and go to the land I will show you. I will make you into a great nation and I will bless you; I will make your name great, and you will be a blessing.

만복의 근원이신 주님,
영원한 생명을 주셔서 감사합니다.
저도 아브라함처럼
주님의 큰 복을 받아 누리게 하시고
다른 이들의 축복의 통로가 되게 하시며,
주님을 위해 원하는 대학과 학과를
미리 결정하게 하시고
그것에 합당한 노력을 하게 해주소서.

수능 점수에 맞춰서나, 혹은 다른 사람의 말에
혹해서 충동적으로 미래를 결정하지 않게
마음을 지켜주시고 미래에 대해서도
진지하게 생각하게 저의 시야를 넓혀 주소서.
그리고 모든 일을 주님께 묻게 해주소서.

"진실로 너희에게 이르노니 무엇이든지

너희가 땅에서 매면 하늘에서도 매일 것이요
무엇이든지 땅에서 풀면 하늘에서도
풀리리니"(마 18:18)라고 말씀하신 주님,
순전한 판단력과 지혜로 주님이 원하는
학과를 잘 결정하게 하시고
주님의 인도하심을 믿게 해주소서.

저의 삶에 주님의 은혜가 넘치기를 원합니다.
예수님의 이름으로 기도합니다. 아멘.

대체로 말하면 인생은
우리들이 선택하는 대로 되는 것이다.
- 월풀 -

3일

하나님의 은혜로
끝까지 어느 순간에도
건강을 지켜 주소서

기도하기 전 읽고 묵상할 성구

"내 아들아 내 말에 주의하며 내가 말하는 것에 네 귀를 기울이라 그것을 네 눈에서 떠나게 하지 말며 네 마음 속에 지키라 그것은 얻는 자에게 생명이 되며 그의 온 육체의 건강이 됨이니라"(잠언 4:20-22)

My son, pay attention to what I say; listen closely to my words. Do not let them out of your sight, keep them within your heart; for they are life to those who find them and health to a man's whole body.

저의 생명을 파멸에서 구원해주신
주님을 송축합니다.
"두려워 말라" "놀라지 말라"라고 말씀하시며
늘 함께 하시는 주님을 찬양합니다.

제 삶의 모든 순간순간마다
함께 하여 주소서.
특히 대학입시를 앞둔 이때에
건강을 지켜주소서.

남은 시간 건강 문제로 시험 준비를
그르치는 일이 없게 하시고
고른 영양섭취와
숙면을 취하게 하시고,
몸의 모든 기능이 정상적이게 하시어
최고의 컨디션을 유지하게 해주소서.

그로 인해 질병이 없게 해주소서.

"너희가 기도할 때에 무엇이든지 믿고 구하는 것은
다 받으리라"(마 21:22)라고 약속하신 주님,
몸의 건강과 마음의 건강도 허락하셔서
언제나 긍정적인 마음을 갖게 하시고
모세와 같이 강건하고
여호수아와 같이 용감하게
언제나 주님 안에서 평안한 마음으로
살게 해주소서.
주님이 우리 **아이**의 소망이 되어 주소서.

늘 모든 필요를 알아 공급해주시는
예수님의 이름으로 기도합니다. 아멘

> 건강과 지성은 인생의 두 가지 복이다.
> - 메난도루스 -

4일

지치지 않고
공부에 집중할 수 있게
하소서

기도하기 전 읽고 묵상할 성구

"내가 이미 얻었다 함도 아니요 온전히 이루었다 함도 아니라 오직 내가 그리스도 예수께 잡힌 바 된 그것을 잡으려고 달려가노라"(빌립보서 3:12)

Not that I have already obtained all this, or have already been made perfect, but I press on to take hold of that for which Christ Jesus took hold of me.

십자가의 엄청난 고통을 참으시면서까지
우리를 구원해 주시고
나의 강력한 힘이 되시는 주님,
이 시간 주님께 기도할 수 있게 하시니 감사하며
제가 대학입시를 준비하면서
하루하루 기도하며 열심히 살아가게 해주소서.
오늘 하루도 저의 삶을 붙들어 주소서.

대학입시까지 알찬 계획을 잘 세우게 하시고
지치지 않고 마지막까지
최선의 노력을 하게 해주소서.
"지금까지는 너희가 내 이름으로
아무것도 구하지 아니하였으나
구하라 그리하면 받으리니
너희 기쁨이 충만하리라"(요 16:24)라고
약속하신 주님,

힘들 때마다 주님을 바라보며 더욱 집중하게 하시고,
세상의 유혹에 넘어가지 않고
학업에 정진하게 해주소서.
그리하여 성실함을 배우게 하소서.

그 모든 과정을 통해 주님께 영광이 되게 하시고
모든 공부가 주님의 영광을 위한 것임을
알게 해주소서.

늘 우리의 기도를 응답해주시는
예수님의 이름으로 기도합니다. 아멘.

재주가 비상하고 뛰어나더라도
노력하지 않으면 쓸모없는 것이다.
- 몽테뉴 -

5일

시험 당일 실수하지 않고
공부했던 것 이상으로
잘 풀게 하소서

기도하기 전 읽고 묵상할 성구

"내가 주를 의뢰하고 적진으로 달리며 내 하나님을 의지하고 성벽을 뛰어넘나이다"(사무엘하 22:30)

With your help I can advance against a troop; with my God I can scale a wall.

모든 죄를 용서해 주시며

모든 병을 고쳐주시는(시 103:3)

만왕의 왕이시며, 만주의 주가 되시고

결코 실수하지 않으시는 주님을 찬양합니다.

주님의 완전하심으로 주님의 자녀인 저를

붙잡아 주시고,

오늘도 주어진 환경 속에서 충실히 공부하며

미래를 잘 준비하게 해주소서.

"그를 향하여 우리가 가진 바 담대함이 이것이니

그의 뜻대로 무엇을 구하면 들으심이라"(요일 5:14)

라고 말씀하신 주님,

주님의 말씀처럼 뱀같이 지혜롭고

비둘기같이 순결한 삶을 살 수 있도록

도와주소서.

또한 지금 열심히 준비한 것들을 시험 당일
실수하지 않도록 지켜주시고,
최상의 효과를 낼 수 있도록 도와주소서.
저로 하여금 주님의 지혜를 구하게 하시고,
그로 인해 얻는 영광과 기쁨을
주님께 돌리게 하시고,
주님의 말씀이 저의 길에 빛이 되게 해주소서.
모든 과정에 함께 하셔서 실수가 없게 하소서.

이 모든 것을 후히 넘치게 안겨 주시는
예수님의 이름으로 기도합니다. 아멘.

조급한 마음은 운명을 거스르는
치명적인 실수를 초래할 수 있다.
- 그라시안 -

절대 꿈을 포기하지 마십시오

고2 학생이랑 이야기를 나눴는데, "성적이 안돼서 포기했어요. 안돼요"라고 하더군요.

왜 포기합니까? 시간 많습니다. 고2라면 아직도 1년 이상 남았습니다. 1년 이상은 절대 짧은 기간이 아닙니다.

저는 서울대학교는커녕 서울 안에 있는 대학도 못 갈 실력이었는데, 하나님이 채워주셨어요. 고3 때 내신은 1.5등급 나와서 됐는데, 수능이 전부다 3등급인 거예요. 그래도 기도하고 준비하고 또 열심히 했어요. 저는 세 개의 대학에 원서를 넣었는데 다 돼서 골라서 갈 수 있는 입장이었어요. 엄마도 깜짝 놀라면서 하나님께 감사했어요. - 자연과학대학 물리천문학부 물리학 전공 김T.H.

• • •

집중할 수 있는 나만의 노하우 찾기

1. 주님 앞에 맡기고(욕심을) 다 내려놓았습니다.
2. 선생님들과 친해졌습니다.
3. 계획을 잘 세웠습니다.
① 내가 가고 싶은 학교를 정하고, 과를 정했습니다.
② 1년 목표를 세웠습니다.
③ 내가 사용할 수 있는 시간을 체크했습니다.
④ 사용할 시간에 맞춰 내가 하고자 하는 분량을 정했습니다.
⑤ 시간과 분량에 맞춰서 집중하는 것이 가장 중요했습니다.
- 생활과학대학 식품영양학과 양H.L.

그 대학을 선택한 이유는?

중학교 2,3학년 때 "언제나 최고를 꿈꿔라! 그러면 2등은 할 수 있다"라는 말을 들은 후 최고인 서울대를 목표로 잡으면 연·고대는 갈 수 있을 거라고 생각했어요.
그때 비전은 범죄심리학 쪽으로 생각했는데 범죄심리학을 잘하는 교수님이 서울대에 있어서 서울대에 오게 됐습니다.
- 사회과학대학 사회학 계열 이J.H.

• • •

"최고의 대학이니까 가고 싶다"라는 생각과 특별히 좋아하는 학과의 공부를 가르치고 캠퍼스 복음화를 위해서 기도하는 교수가 되고 싶다는 비전이 있었어요. 또 욕심으로는 최고니까 가고 싶었어요. 이 비전은 중학교 때부터 있어서 과학고에 가고 싶어서 나름대로 공부를 열심히 했죠.
그런데 과학고는 떨어지고 원치 않는 학교에 가게 됐어요.
그러다 고등학교 때 예수님을 믿게 됐어요.
중학교 때는 교회를 다녔지만 욕심도 많고 이기적이었고 기독교인으로서 하지 말아야 할 행동도 했어요. 솔직히 좀 놀았어요.
그러다 고등학교 때 예수님을(나의 구세주와 주님으로 믿어) 만나고 서울대 가려고 고등학교 때부터 준비했어요. 저는 제 나름대로 열심히 했다고 생각했는데 나중에 보니 제가 한 건 아무것도 없고 하나님께서 다 만드셨더라고요.
일단 공부는 욕심도 있고 꿈도 있어서 열심히 했는데 그래서 고3 때도 성적은 잘 나왔어요. - 공과대학 전기컴퓨터공학부 김Y.Y.

6일

시간 분배 잘해서
시험문제를 잘 풀게 하소서

"지혜를 얻은 자와 명철을 얻은 자는 복이 있나니 이는 지혜를 얻는 것이 은을 얻는 것보다 낫고 그 이익이 정금보다 나음이니라 지혜는 진주보다 귀하니 네가 사모하는 모든 것으로도 이에 비교할 수 없도다"(잠언 3:13-15)

Blessed is the man who finds wisdom, the man who gains understanding, for she is more profitable than silver and yields better returns than gold. She is more precious than rubies; nothing you desire can compare with her.

저를 귀한 생명을 주시기까지 사랑하시며
사랑으로 저를 늘 보살펴 주시는 주님,

대학입시를 앞두고 공부하는 제가
오늘도 주님의 사랑 안에서 감사하는 마음으로
여유롭지만 성실히 공부하게 하시고, 저의 삶을
주님이 주시는 지혜와 명철로 채워주소서.

아울러 공부할 때도 주어진 시간 안에
문제를 잘 풀 수 있도록
시간 분배를 잘 할 수 있는 지혜를 주소서.
여리고성 전투 때와 같은 체계적인
시간 분배를 하게 하소서.

주님의 은혜로 인하여 믿음으로 말미암아
구원을 받았기에,

우리를 의롭다고 칭해주시는 주님,
"의인의 간구는 역사하는 힘이 많으니라"(약 5:16)라는
말씀을 의지하여 기도할 수 있게 되어 감사합니다.

매사에 당황하지 않고 침착하게 시험에
임할 수 있게 생각과 마음을 준비시켜 주시고,
주님께서 이스라엘 백성들에게
낮에는 구름기둥으로, 밤에는 불기둥으로
인도하신 것 같이 저의 삶도
한 걸음 한 걸음 승리하게 인도하여 주소서.

저의 삶에 빛과 등불이 되시는
예수님의 이름으로 기도합니다. 아멘.

위급한 때일수록
힘보다는 지혜가 필요하다.
-이솝-

7일

주변의 큰 관심으로 인해
부담 느끼지 않게 하소서

기도하기 전 읽고 묵상할 성구

"이제 내가 사람들에게 좋게 하랴 하나님께 좋게 하랴 사람들에게 기쁨을 구하랴 내가 지금까지 사람들의 기쁨을 구하였다면 그리스도의 종이 아니니라" (갈라디아서 1:10)

Am I now trying to win the approval of men, or of God? Or am I trying to please men? If I were still trying to please men, I would not be a servant of Christ.

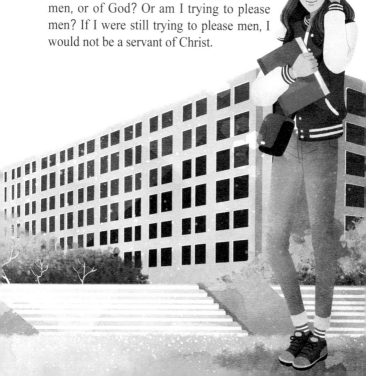

하늘의 영광을 버리고 이 땅에 오시어
십자가의 고통을 받으며 흘리신 보혈로
저의 모든 죄를 용서해주시고
주님의 자녀로 삼아주심을 찬송합니다.
언제나 쉴만한 물가와 푸른 초장으로
선하게 인도하심을 감사하며 경배합니다.

매일의 시작과 마침을 주님과 함께 하기를 소원하며
주님의 선한 인도를 앙망합니다.
날마다 시험을 준비하며 살아온
힘든 마음을 위로하여 주소서.

"너희가 얻지 못함은 구하지 아니하기 때문이요"
(약 4:2)라고 말씀하신 주님,
제가 특히 주변 사람들로 인해 부담감을
갖지 않게 하시고,

학교에서 만나는 친구들과의 경쟁 속에서나
가르치는 선생님들로 인해
스스로에 대한 자신감이 낮아지거나
현재의 성적으로 힘들어하지 않게 하시고,
또한 가족들의 관심이 오히려 부담 되지 않도록
주님께서 늘 평안한 마음과 여유로운 마음을 주소서.
주님만이 저의 의지가 되오니, 주님이 주신
평안으로 시험 준비를 잘 할 수 있게 해주소서.

세상이 줄 수 없는 큰 평안을 주시는
예수님의 이름으로 기도합니다. 아멘.

인간은 운명의 포로가 아니라
자신의 정신에 딸린 포로이다.
- 프랭클린 루스벨트 -

8일

항상
하나님께 기도하고
하나님 말씀 읽으며
평안을 유지하게 하소서

"아무 것도 염려하지 말고 다만 모든 일에 기도와 간구로, 너희 구할 것을 감사함으로 하나님께 아뢰라 그리하면 모든 지각에 뛰어난 하나님의 평강이 그리스도 예수 안에서 너희 마음과 생각을 지키시리라"(빌립보서 4:6,7)

Do not be anxious about anything, but in everything, by prayer and petition, with thanksgiving, present your requests to God. And the peace of God, which transcends all understanding, will guard your hearts and your minds in Christ Jesus.

우리를 구원하기 위해 하늘의 영광을 버리시고
이 땅에 오셔서 목숨까지 버리시며 사랑하신
선한 목자이신 주님을 찬양합니다.
우리를 푸른 초장, 쉴만한 물가로 인도하시어
영육을 풍성케 하심을 기뻐하며 감사합니다.

제가 평생을 주님을 따라 살게 지켜주시고,
저의 갈 길을 인도하사 주님의 도우심으로
언제나 흔들리지 않고,
주님의 자녀 된 삶을 살아가도록 해주소서.

"너는 내게 부르짖으라 내가 네게 응답하겠고
네가 알지 못하는 크고 은밀한 일을 네게
보이리라"(렘 33:3)라는 놀라운 약속을 주신 주님,
"항상 기뻐하라,
쉬지 말고 기도하라,

범사에 감사하라"(살전 5:16-18)라는 주님의 말씀을
늘 가슴에 새기며 학교생활에 전념하고,
제가 주위의 일들로 인해
유혹에 넘어가지 않게 해주소서.

주님이 친히 보호해 주시고 승리하게 하소서.
그리하여 언제나 흔들림 없고 변함없는
주님의 사랑 안에 거하게 하소서.

우리의 기도를 응답해 주시며 큰일을 이뤄주시는
예수님의 이름으로 기도합니다. 아멘.

그리스도를 굳게 믿는 그 특성이
평온한 삶을 사는 열쇠이다.
- F.B. 마이어 -

9일

수능날 최상의 컨디션으로
최고의 성과를 내게 하소서

"피곤한 자에게는 능력을 주시며 무능한 자에게는 힘을 더하시나니"(이사야 40:29)

He gives strength to the weary and increases the power of the weak.

우주 만물을 창조하신 위대한 주님,
저에게 주님의 크신 뜻이 있음을 믿습니다.
주님의 전지전능하신 능력을 주시고
날마다 은혜를 더하여 주심을 감사합니다.

저에게 주님의 놀랍고 크신 사랑이 함께하고
매일 더 큰 은혜와 강건함을 주소서.
경쟁의 순간에 엘리야가
"너희는 너희 신의 이름을 부르라
나는 여호와(하나님)의 이름을 부르리니
이에 불로 응답하는 신 그가 하나님이니라"
(왕상 18:24)라고 담대히 선포한 것처럼
오늘도 믿음으로 승리를 선포합니다.

다윗이 어디를 가든 이기게 하셨듯이
공부를 하며 만나는 어려움들을

두려워하지 않으며 담대하게 이겨내게 하시고,
지혜와 명철을 더하사 공부하는 것마다
잘 이해하며 깨달을 수 있도록 해주소서.

또한 수능 당일 최고의 컨디션으로
최고의 성과를 내게 하셔서 시험 준비하는 과정과
그 모든 것을 통하여 주님께 영광 돌리게 해주시고
늘 마음에 평안을 주소서.

하루하루를 지켜주시며 인도하여 주실 줄 믿으며
살아계신 예수님의 이름으로 기도합니다. 아멘.

> 성공은 밤낮없이 거듭되었던
> 작고도 작은 노력들이 한데 모인 것이다.
> - 존 코맥넬 -

10_일

과목 과목마다
주님의 도우심으로
실수하지 않게 하소서

기도하기 전 읽고 묵상할 성구

"여호와(하나님)께서 너를 실족하지 아니하게 하시며 너를
지키시는 이가 졸지 아니하시리로다"(시편 121:3)

He will not let your foot slip-- he who watches over
you will not slumber;

모든 필요를 풍성하게 채우시는 주님,
넉넉히 이기게 하시는 주님을 찬양합니다.

때마다 일마다 평강을 주시며,
만사에 적합한 시기를 따라
오늘도 선한 것으로 응답하시며
모든 필요를 넘치게 채우시는 주님께 간구합니다.

제가 주님을 소망하면서
언제나 주님을 찬송하며 주어진 환경에
감사하는 자녀가 되게 하소서.
주님 안에서 모든 것이 합력하여
선을 이룸을 알게 하시고, 약한 과목이나
강한 과목이나 그것들을 공부하면서
주님의 뜻이 있음을 깨닫게 해주소서.

특별히 수능 준비를 하며
자신 있어 하는 과목에서 실수하지 않게 하시고,
그 과목의 자신감을 바탕으로 약한 과목도
잘 준비하고 풀어나가게 해주소서.

실수하지 않으시는 주님께서
실수하지 않고 온전히 실력 발휘를 할 수 있도록
인도하여 주시고, 모든 결과는 주님께 맡기고
기도하며 준비하게 해주소서.

우리의 연약함을 강하게 하심을 감사하며
예수님의 이름으로 기도합니다. 아멘.

> 정신이야말로 최고의 재판관이며
> 가장 신성한 곳이다.
> - 마누 -

교회에 빠지는 고3들에게 한마디

교회에서 예배드리는 대신 좀 더 쉴 수도 있고 공부할 수도 있지만, 우리가 믿고 있는 분이 누구시고, 정말 하나님이 전지전능하시고 우리와 함께 하시는 분이라는 걸 믿고 있다면 그분을 예배하는 일이 결코 쓸모없는 시간이 아니라고 생각해요.
- 농경제사회학부 이S.H.

고3 때 공부냐 신앙이냐의 양갈래로 갈등하는데 저희 목사님이 항상 하시는 말씀이 한 손엔 성경, 한 손엔 교과서였어요. 하나만 치우치는게 아니고 충분히 양쪽을 균형있게 할 수 있다고 생각합니다.
- 화학생물공학부 이Y.B.

교회 간다고 해서 공부에 방해되는게 아니고 절대로 절대로 시간을 뺏기는게 아니라는 생각을 하셨으면 좋겠어요. 고3 때 교회를 감으로 더 마음에 중심이 잡히고 또 힘을 얻을 수 있다면 오히려 교회를 가야 되는 게 맞다고 생각해요. 예배 참석 안 하고 공부한다고 해도 마음이 부담이 돼 더 능률이 오르지 않아요.
- 기계항공공학부 정H.S.

(하나님의 방법으로 하나님을 의지해야지) 자기의 방법으로 하면 공부를 잘 할 것이라는 생각 때문에 주일날 교회를 안가고 공부를 하더라도 실패할 수밖에 없어요. 제 사례가 말해주듯이요. 비전에 대한 생각을 많이 했어요. 제가 제 공부하는 거지만 '이건 하나님을 위한 것이다'라는 생각이 있었어요. '나는 하나님을 위

해서 이렇게 공부하니까 하나님이 당연히 붙게 해주시겠지'라는 마음을 갖고 있었죠. - 전기컴퓨터공학부 김Y.Y.

신앙의 선배, 대학의 선배로서 후배들에게 조언은?

둘 다 부족한 선밴데… 일단 무엇보다도 교회에 가서 예배하고 기도하고 말씀 읽는 시간은 절대 아까워하지 말아야 합니다.
한 번씩 '내가 합리적이라고 생각하는게 과연 합리적인가?'를 생각해봤으면 좋겠어요. 세상에 휩쓸리지 않고 주님 보시기에 합당하게 살아야 돼요. 사람들이 '일요일 교회 안 가고 공부하는 게 낫지'라고 많이 말하잖아요. 그런데 왜 그 생각이 옳다고 믿는 건지…. 주님이 말씀하셨는데 왜 신앙적인 시각을 틀리다고 생각하는 건지 모르겠어요. 이제 그걸 바꾸는 게 필요해요.

그리고 공부에 있어서는 감을 잃지 말고 계속 꾸준히 해야 해요. 놀 때는 놀고, 공부할 때는 공부하고, 기도할 때는 기도하고, 예배할 때는 예배하는 마음. 딱딱딱! 많이 힘들지라도 그런 마음을 어릴 때 그러니깐 고1 때부터 딱딱딱 다져놓으면 디딤돌이 되고 주춧돌이 돼요.- 경영학부 김K.M.

"너희는 먼저 그(하나님)의 나라와 그의 의를 구하라
그리하면 이 모든 것을 너희에게 더하시리라" - 마태복음 6:33

11일

시간을 효율적으로
관리할 수 있는
지혜를 주소서

"너희 중에 누구든지 지혜가 부족하거든 모든 사람에게 후히 주시고 꾸짖지 아니하시는 하나님께 구하라 그리하면 주시리라"(야고보서 1:5)

If any of you lacks wisdom, he should ask God, who gives generously to all without finding fault, and it will be given to him.

주님께서 십자가에서 흘리신 보혈로
모든 죄를 용서해 주시고
영원한 생명을 주신 주님을 찬양합니다.
매일 주님을 찬양하게 하시고,
주어진 것에 감사할 줄 아는 마음을 주소서.

우리를 늘 푸른 초장과 쉴만한 물가로
인도하여 주시는 주님.
"환난 날에 나를 부르라 내가 너를 건지리니
네가 나를 영화롭게 하리로다"(시 50:15)라는
귀하고 귀한 약속의 말씀을 주신 주님,
인생에서 아주 중요하고 어려운
선택의 기로에 섰을 때, 제가 힘써야 할
최선의 노력은 기도라는 것을 깨닫습니다.

시간을 잘 관리하고 공부하는 시간만큼

쉬는 시간도 적당히 안배하여
컨디션도 최상으로 유지하게 해주소서.
제가 주님 안에서 평강을 누리므로
수능시험 문제를 잘 풀어나갈 수 있도록
도와주시고 인도하여 주소서.

수능 준비 중 쌓이는 스트레스를 이기게 하시고
주님의 평안을 누리며 마음의 안정을 갖고
내일 일을 염려하지 않게 해주소서.

시간을 잘 활용할 줄 아는 지혜를 주시는
예수님의 이름으로 기도합니다. 아멘.

시간을 잘 붙잡는 사람은
모든 것을 얻을 수 있다.
- 이즈레일리 -

12일

수능 준비를 방해하는 것들을
잘 제거하여
즐겁게 준비하게 하소서

기도하기 전 읽고 묵상할 성구

"이기기를 다투는 자마다 모든 일에 절제하나니 그들은 썩을 승리자의 관을 얻고자 하되 우리는 썩지 아니할 것을 얻고자 하노라"(고린도전서 9:25)

Everyone who competes in the games goes into strict training. They do it to get a crown that will not last; but we do it to get a crown that will last forever.

영원부터 영원까지 영광받기 합당하신
만복의 근원이 되시는 사랑의 주님,
오늘도 주님과 함께 시작합니다.

"구하라 그리하면 너희에게 주실 것이요
찾으라 그리하면 찾아낼 것이요
문을 두드리라 그리하면 너희에게 열릴 것이니"
(마 7:7)라는 말씀에 의지하여 오늘도 간구합니다.

제가 시험의 압박으로 인해
긴장하지 않게 해주시고,
또한 그 긴장을 해소하기 위해서
다른 잘못된 유혹들에 빠지지 않게 하시고,
TV와 컴퓨터, 친구들과 만나는 시간들을
균형 있게 사용할 수 있도록 인도하여 주소서.

저의 마음에 평안과 질서를 허락해 주소서.

그리고 저에게 "강하고 담대하라

내가 너와 함께 함이니라"라고 말씀하신

주님의 말씀을 믿으며 잘 이겨 나갈 수 있는

강건한 마음을 주소서.

모든 일을 절제하고 인내하게 하소서.

오늘도 공부를 방해하며 찾아오는 많은 유혹들을

이길 수 있게 해주실 줄 믿습니다.

우리를 모든 환난에서 이기게 하시는

예수님의 이름으로 기도합니다. 아멘.

> 완전은 하늘의 척도이며,
> 완전하려는 희망은 인간의 척도이다.
> - 괴테 -

13일

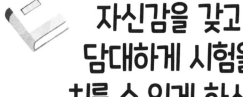

자신감을 갖고
담대하게 시험을
치를 수 있게 하소서

기도하기 전 읽고 묵상할 성구

"두려워하지 말라 내가 너와 함께 함이라 놀라지 말라 나는 네 하나님이 됨이라 내가 너를 굳세게 하리라 참으로 너를 도와 주리라 참으로 나의 의로운 오른손으로 너를 붙들리라"(이사야 41:10)

So do not fear, for I am with you; do not be dismayed, for I am your God. I will strengthen you and help you; I will uphold you with my righteous right hand.

우리의 구원자이신 주님,
주님의 이름이, 영광이, 하늘을 덮었습니다.
주님의 사랑과 능력과 권능을 송축합니다.

하루도 헛되이 보내지 않으셨던 주님,
지금도 살아 역사하시는 주님을 찬양합니다.

"모든 기도와 간구를 하되 항상 성령 안에서
기도하고 이를 위하여 깨어 구하기를
항상 힘쓰며 여러 성도를 위하여 구하라"(엡 6:18)라는
말씀의 교훈에 따라 주님의 택한 자녀인
저를 위해 기도합니다.

주님이 주신 지혜로 시험 준비를
철저히 하면서 모든 일을 계획한 대로 실천해
후회 없이 준비하게 해주소서.

최선을 다함으로 주님이 주시는 담대함을 통해
어느 환경에서도 자신감을 잃지 않고
시험을 잘 치를 수 있도록 해주소서.
주님이 기드온에게 말씀하신 것처럼
주님의 이름으로 승리하게 해주소서.
주님의 능력으로 보호해주소서.
마음과 생각을 지켜주시고,
여호와닛시(나의 깃발) 되시는 주님을
경험하게 해주실 줄 믿습니다.

저의 주님이시며 사랑이 많으신
예수님의 이름으로 기도합니다. 아멘.

오늘 할 수 있는 일에 전력을 다하라.
그러면 내일에는 한 걸음 더 진보한다.
- 뉴턴 -

14일

공부하는 목적과
사람이 사는 목적을
깨닫게 하소서

기도하기 전 읽고 묵상할 성구

"이 백성은 내가 나를 위하여 지었나니 나를 찬송하게 하려
함이니라"(이사야 43:21)

The people I formed for myself that they may
proclaim my praise.

저의 생사화복을 주관하시는 참 좋으신 주님,
언제나 저에게 좋은 것으로
소원을 이루어 주심을(시 103:5) 찬양합니다.

"그의 성호를 자랑하라 여호와 하나님을
구하는 자마다 마음이 즐거울지로다"(대상 16:10)라고
하신 말씀의 명령 따라 오늘도 주님의
거룩하신 이름을 자랑하며 주님께 간구합니다.
제가 먹든지 마시든지, 무엇을 하든지
주님의 영광을 위해서 하게 해주소서.
공부하는 것도 주님의 영광을 위해 하게 해주소서.

저를 향한 주님의 목적이 무엇인지 깨닫게 하시고,
당장은 공부가 힘들고 괴로울 수 있지만
이 힘든 과정을 이겨내고 승리할 때
주님이 영광 받으시고 저에게도

기쁨이 된다는 것을 알게 해주소서.
분명한 목적을 갖고 공부하게 해주소서.

어려서부터 지금까지 늘 지켜주셨던 주님,
이후에도 눈동자처럼 보호하시고 지켜주실 주님,
주님께 영광 돌리며,
목적있는 삶을 살게 저의 삶을 인도하소서.
그리고 사회생활할 때 선한 영향력을 끼치는
글로벌 리더가 되어 주님께 영광 돌리게 하소서,

우리 삶의 주관자이시며 주권자이신
예수님의 이름으로 기도합니다. 아멘.

> 너의 길을 걸어가라.
> 사람들이 무어라 떠들든 내버려 두어라.
> - A. 단테 -

15일

힘들 때 비관하지 않고 믿음으로 하나님을 찾게 하소서

기도하기 전 읽고 묵상할 성구

"내 영혼아 네가 어찌하여 낙심하며 어찌하여 내 속에서 불안해 하는가 너는 하나님께 소망을 두라 그가 나타나 도우심으로 말미암아 내가 여전히 찬송하리로다"(시편 42:5)

Why are you downcast, O my soul? Why so disturbed within me? Put your hope in God, for I will yet praise him, my Savior and

우리를 수시로 공격하는 사탄의 세력을
완전히 물리쳐주시는 능력의 주님!
영광과 권세와 능력이 주님께 세세토록 있음을
찬양하며, 경배하며, 송축합니다.

제가 공부로 인해 몸과 마음이 지치고 힘이 들 때
그때마다 비관하지 않고
주님을 먼저 찾는 믿음을 갖게 해주소서.
주님의 도움을 구하는 자가 누리는
행복과 큰 복을 알려 주소서.

"내게 구하라 내가 이방 나라를 네 유업으로
주리니 네 소유가 땅 끝까지 이르리로다"(시 2:8)라고
말씀하시며 큰 힘을 주시는 주님!
주님의 도우심으로 몸과 영혼이 회복되어
다시 공부에 전념하고 대입의 관문을

무사히 잘 통과해 비전을 이루게 하시고
하나님의 사랑을 널리널리 전하게 해주소서.
주님을 의지함으로 승리하게 해주소서.

수능 날까지 믿음으로 기도하게 하시고
암탉이 병아리를 가슴 깊이 품어 주듯이
주님께서 저를 늘 주님의 품에 안아주시고,
보호자가 되심을 기억하게 해주소서.

우리의 생사화복을 주관하시는
예수님의 이름으로 기도합니다. 아멘.

"만일 누가 믿음을 잃었다면,
그에게는 의지하고 살 수 있는 무엇이 남았는가?"
- 로저 베이컨-

공부할 때 힘든 점 & 해소법 (1)

제일 힘든 거는 모든 수험생이 그렇겠지만 성적이 안 오르거나 성적이 오르는 게 안보일 때예요. 오르는 건 안 보이는데 떨어지는 건 눈에 확확 보이잖아요. 애써 좀 올려놓으면 확 떨어지고 떨어지면 올리기 힘들고…. 그거 때문에 고생하고 스트레스도 많이 받았어요.

그럴 때마다 저는 음악을 많이 좋아해서 음악을 듣거나 피아노, 기타 등 악기 연주를 하고 또 적절한 시기에 주시는 하나님의 말씀으로 힘을 얻었어요.

구체적으로 수능 15일 앞두고 모의고사를 푸는데 모의고사 점수가 너무 안 나오는 거예요. 혼자 막 스트레스를 받았어요.

그때 밤에 자기 전에 큐티를 했는데, 사도행전 27장을 읽게 되었어요. 바울이 죄수의 몸으로 배를 타고 로마로 가는데 광풍이 불어서 배가 흔들리고 사람들이 죽을 위기에 처해요.

그때 바울이 이렇게 외쳐요.

"내가 너희를 권하노니 이제는 안심하라… 두려워하지 말라… 안심하라 나는 내게 말씀하신 그대로 되리라고 하나님을 믿노라"(사도행전 27:22-25 중에서).

바울은 "하나님이 그렇게 말씀하셨으니까 안심하라 그리고 나는 그런 하나님을 믿는다"라고 말하는 거예요. 그래서 그때 굉장히 기도했거든요. 그랬더니 '아~ 내가 어떻든지 간에 주님이 나를 보내시겠구나'라는 확신이 생겼어요. - 사회학계열 이J.H.

공부할 때 힘든 점 & 해소법 (2)

저는 공부할 때 처음에는 인위적으로 저를 쪼아요.
'아 왜 못했지? 아 또 어겼네? 아 또 놀았어!'라고 했는데 나중에
는 나를 배려해서, 내가 좀 힘들다 싶으면 나한테 맞췄어요. 물론
중요한 것과 전체 틀은 잡았어요. 1년을 먼저 잡고, 고1 때는 3년
계획을 대충 먼저 세웠어요.

선생님들이 처음에 계획을 좀 잡아 주시는데 그때 잘 들어야 해요.
처음에 잘 듣고, 일단 3년을 잡으면 1년 동안 뭘 해야 하는 지가 눈
에 보여요. 그러면 나중에 나머지 2년은 놔두고 1년 동안 해야 할
거, 즉 '이번 달에는 뭘 해야겠다. 한 달 동안에는 어느 정도 하면
되겠구나'라는 게 생겨요. 너무 세세하게 안 잡고 뭉뚱그려서 잡은
다음에 한 달 계획 보고 일주일에 한 번씩 체크하면서 자연스럽게
하고, 힘들면 몇 개 빼던가, 뒤로 미루면서 편안하게 짰어요.

그런데 공부라는 게 집중력이 필요해요. 그래서 힘들죠. 그럴 때
면 저는 자전거를 세게 타면서 통학을 하거나 성경을 봤어요.
1, 2학년 때는 선생님들이 챙겨 주신 성경 말씀을 봤는데 상당히
도움이 됐어요. 고3 때는 제가 직접 성경 보기를 시작했는데, 성
경을 매일 학교에 들고 다녔어요. 독서실에도 하나 있고, 집에도
하나 있고, 학교에는 들고 다녔어요. 그래도 힘들 때면 찬양을
들으면서 성경을 봤어요. 특히 힘이 됐던 성구는 "내게 능력 주시
는 자 안에서 내가 모든 것을 할 수 있느니라" 빌립보서 4장 13절
이었고, 찬양은 "새 힘 얻으리", "주를 바랄 때"였어요.
- 화학생물공학부 김M.H.

16일

매주 주일마다
꼬박꼬박 교회에 가서
함께 예배하게 하소서

기도하기 전 읽고 묵상할 성구

"아버지께 참되게 예배하는 자들은 영과 진리로 예배할 때
가 오나니 곧 이 때라 아버지께서는 자기에게 이렇게 예배
하는 자들을 찾으시느니라 하나님은 영이시니 예배하는 자
가 영과 진리로 예배할지니라"(요한복음 4:23,24)

Yet a time is coming and has now come when the true
worshipers will worship the Father in spirit and truth,
for they are the kind of worshipers the Father seeks.
God is spirit, and his worshipers must worship in
spirit and in truth.

제가 사망의 음침한 골짜기를 다닐 때에도
주님께서 함께하시어 해받지 않게 하시며
매일 새로운 기쁨을 주시는 주님께
감사와 영광과 찬송을 드립니다.

삶 속에 많은 기쁨들이 있지만 그중에서도
예배의 기쁨을 알 수 있게 하여주시고,
수능시험 때문에 마음이 조급할 수 있겠지만
그럼에도 불구하고 주일 예배를
반드시 참석하게 하시고
그로 인해 마음의 안식과 기쁨과 소망과
새로운 힘을 얻게 해주소서.

"봄비가 올 때에 여호와(하나님) 곧 구름을 일게 하시는
여호와(하나님)께 비를 구하라 무리에게 소낙비를
내려서 밭의 채소를 각 사람에게 주시리라"(슥 10:1)라고

약속하신 주님께 간구합니다.

모든 일을 먼저 주님께 의지해야 함을 알고
바쁜 일상 속에도 주일을 지키는 것이
모든 일에 더 큰 도움이 된다는 것을 알고
믿고 행동하게 해주소서.
믿음으로 다른 사람들에게 영향력을 줄 수 있는
주님의 자녀가 되게 하시고,
예배 중심의 삶을 살게 해주소서.

우리의 창조주이시며 구세주이신
예수님의 이름으로 기도합니다. 아멘.

> 하나님의 약속은 진실하고,
> 능력 있고, 영원하고, 불변하다.
> - C.H. 스펄전 -

17일

긍정적인 생각과
높은 이해력으로
성적이 향상되게 하소서

넌, 힘수있어

YOU CAN DO IT!

기도하기 전 읽고 묵상할 성구

"여호와(하나님)를 찬송함이여 내 간구하는 소리를 들으심이로다 여호와(하나님)는 나의 힘과 나의 방패이시니 내 마음이 그를 의지하여 도움을 얻었도다 그러므로 내 마음이 크게 기뻐하며 내 노래로 그를 찬송하리로다"(시편 28:6,7)

Praise be to the LORD, for he has heard my cry for mercy.
7.The LORD is my strength and my shield; my heart trusts in him, and I am helped. My heart leaps for joy and I will give thanks to him in song.

나의 힘과 방패와 영광이 되시는
주님의 전지전능하심을 찬송합니다.

모든 생각과 행동을 주관하시는 주님,
사람들은 살면서 많은 생각들을 하고
그 생각은 우리의 삶에 영향을 미칩니다.

"내가 너희에게 말하노니
비록 벗 됨으로 인하여서는 일어나서
주지 아니할지라도 그 간청함을 인하여 일어나
그 요구대로 주리라"(눅 11:8)라는 말씀에 의지하여
오늘도 간청합니다.

주님, 언제나 긍정적으로 생각하게 도와주시고,
수능을 두려워하지 않게 해주소서.
언제나 어디서나 주님이 함께 하심을 믿게 하소서.

또한 다른 친구들이 실패하길 바라는 마음으로
공부하지 않고,
주님께서 반드시 좋은 곳으로 인도하실 것이라는
믿음을 갖고, 다른 친구들을 축복하며
공부에 집중하게 해주소서.

모든 것이 형통할 것임을 믿고, 주님의 말씀을
의지하며 공부에 집중하게 도와주시고,
주님이 주시는 평안을 허락해 주소서.

언제나 저를 눈동자처럼 지켜주시는
예수님의 이름으로 기도합니다. 아멘.

성공의 비결은 전 생애를 통하여
소망을 잃지 않는데 있다.
- A. 슈바이처 -

18일

온유한 마음을 주셔서
주변 사람들이
힘들지 않게 하소서

기도하기 전 읽고 묵상할 성구

"그러나 온유한 자들은 땅을 차지하며 풍성한 화평으로 즐거워하리로다"(시편 37:11)

But the meek will inherit the land and enjoy great peace.

우리를 생명까지 주시고 섬기시며,
섬김을 가르쳐주시는 주님,
모든 찬양과 경배를 드립니다.

언제나 이웃을 사랑하는 삶을 사신 주님을
본받게 해주소서.
또한 다윗의 입을 통해 인생 성공과 승리의 원칙을
명백하게 알려 주시며,
"부와 귀가 주께로 말미암고 또 주는
만물의 주재가 되사 손에 권세와 능력이 있사오니
모든 사람을 크게 하심과 강하게 하심이 주의 손에
있나이다"(대상 29:12)라고 말씀하신 주님,
먼저 마음에 주님의 평안을 주소서!

그래서 압박감으로 신경이 예민해지지 않도록
도와주시고 저의 불편한 마음으로 인해

가족과 주위 친구들, 학교 선생님들에게
짜증과 투정을 부리지 않도록 도와주소서.

모든 것을 포용할 수 있는 마음을 주소서.
넓은 마음으로 사람들 사이에 생기는 갈등을
해소하는 피스메이커가 되게 해주소서.
주님의 평안으로 마음의 여유를 갖게 하소서!

온유와 겸손의 복을 가르쳐주시는
예수님의 이름으로 기도합니다. 아멘.

내 마음 외에 바뀌어야 할 것은 없다.
- 드 코사드 -

19일

좋은 선생님을 만나고
공부 계획을 잘 세워
실천하게 하소서

기도하기 전 읽고 묵상할 성구

"제자가 그 선생보다 높지 못하나 무릇 온전하게 된 자는
그 선생과 같으리라"(누가복음 6:40)

A student is not above his teacher, but everyone who
is fully trained will be like his teacher.

주님을 기뻐하고 즐거워하며
지존하신 주님의 이름을 찬송합니다.
어느 때나 어느 곳에서나 함께 계시는 주님의 은혜
와 능력을 감사하며 경배합니다.

우리가 힘들 때나 기쁠 때 언제나 함께하심을
감사드리며, 주님이 함께 하심을 알고
삶에서 직접 체험하는 은혜를 허락해 주소서.

온갖 좋은 은사와 온전한 선물을 주시는 주님께서
이르시기를 "그래도… 이같이 자기들에게
이루어 주기를 내게 구하여야 할지라"(겔 36:37)라고
하셨으니 오늘도 쉬지 않고 기도합니다.

주님, 과도한 계획을 세우는 것보다는
효과적인 방법으로 공부 전략을 세우게 하시고

주님께서 늘 함께하신다는 것을 믿게 해주소서.

말의 응답이 주님께 있음을 기억하며
늘 주님께 기도하며 주님을 의지하게 해주소서.
그래서 매일 새로운 마음으로 계획을 실천할 때
주님의 인도하심을 체험하게 해주소서.
공부 계획에도 질서를 세워 주소서.

주님의 이름을 위하여 의의 길로 인도하시는
예수님의 이름으로 기도합니다. 아멘.

결코 하지 않는 것보다
늦게나마 하는 것이 낫다.
- 리비우스 -

*20*일

매일매일
하나님과의 교제(Q.T.)를
꾸준히 하게 하소서

기도하기 전 읽고 묵상할 성구

"오직 여호와(하나님)를 앙망하는 자는 새 힘을 얻으리니 독수리가 날개치며 올라감 같을 것이요 달음박질하여도 곤비하지 아니하겠고 걸어가도 피곤하지 아니하리로다"(이사야 40:31)

But those who hope in the LORD will renew their strength. They will soar on wings like eagles; they will run and not grow weary, they will walk and not be faint.

"여호와(하나님)의 인자와 긍휼이 무궁하시므로 우리가 진멸되지 아니함이니이다 이것들이 아침마다 새로우니 주의 성실하심이 크시도소이다"(예레미야애가 3:22,23)

"Because of the LORD's great love we are not consumed, for his compassions never fail. They are new every morning; great is your faithfulness."

죄로 인해 하나님과 원수 되었던 우리를
주님의 보배로운 피로 모든 죄 용서하시고
하나님의 자녀되게 하심을 경배합니다.

생사화복을 주관하시는 주님,
저도 주님의 마음을 알게 하시고
"마음의 경영은 사람에게 있어도 말의 응답은
여호와(하나님)께로부터 나오느니라"(잠 16:1)라고
하셨으니 삶에서 우선순위는 그 무엇보다
주님과 말씀의 교훈임을 마음에 새기게 하소서.

비록 바쁘게 공부하러 나가야 하지만
잠깐이라도 주님의 말씀을 묵상하고 기도하며
하루를 시작할 수 있게 하소서.
매일 경건 시간을 챙기게 하소서.
매과목, 매시간 공부하기 전에 언제나 먼저

기도한 후에 공부에 집중하게 하시고,
공부도 수능도 중요하지만 그 무엇보다
주님과의 교제가 가장 중요함을
깨닫게 해주소서.

말씀을 통해 힘을 얻게 하시고
말씀을 통해 주님의 음성을 듣게 해주소서.
늘 행복한 하루하루를 보낼 수 있게 하시고
주님의 약속을 믿고 담대하고 당당하게 해주소서.

언제나 변함없이 저를 사랑하시는
예수님의 이름으로 기도합니다. 아멘.

> 인간은 받은 것은 기억하지만
> 그것을 준 사람은 금방 잊어버린다.
> - 콩그리브 -

힘을 얻었던 성경 구절 & 찬양은?

이건 좀 우연일 수도 있는데, 면접일이 11월 28일이었는데 교회 사람들한테 면접 잘 보게 기도해달라고 부탁을 드렸어요.
그때 어느 분이 날짜에 맞춰서 마태복음 11장 28절을 펴보라는 거예요. 딱 폈어요. 근데 "수고하고 무거운 짐 진자들아 다 나에게로 오라 내가 편히 쉬게 하리라"라는 구절이 내 가슴에 딱 꽂히는 거예요. 그러니까 제가 이때까지 겪어온 그 과정을 짐이라고 볼 수 있고, 고난이라고 볼 수 있었는데 그 고난을 이제 주님께 드리라는 거예요. 정말 너무 좋았어요. 너무 많이 힘들었거든요. 많이 불안했었고… 근데 그 말씀 하나로 쉼과 큰 힘을 얻게 되었어요. - 경영학부 김K.M.

신앙으로 공부에 도움 받은 것?

학교에서도 매일 야자(야간자율학습) 시작 전에 성경을 읽었는데 그 말씀에서 은혜를 많이 받았고 그 말씀들을 많이 의지했어요. '주님 때문에 내가 할 수 있다'는 마음만 있었죠.

비전에 대한 생각도 많이 했어요.
제가 제 공부하는 거지만 '이건 정말로 하나님을 위한 것이다'라는 생각이 있었어요. '나는 하나님을 위해서 이렇게 공부하니까 당연히 붙게 해주시겠지'라는 마음을 갖고 있었죠.
그런데 실패를 하고 나서 하나님을 원망했어요.
원망은 했지만 다음 번에는 '하나님을 위해서 내가 이렇게까지하는데 설마 두 번 치시겠나'라는 마음을 갖고 했거든요. 그리고 공부하다가 힘들었을 때도 '나는 하나님을 위해서 이런 일을 해야 한다. 나는 해야 한다'라는 생각으로 그냥 이를 악물며 했어요. 성적에 대한 욕심을 내려놨어야 했던 것 같아요.

내가 할 수 있다는 마음, 그리고 성적이 이만큼 나와야 한다는 욕심을 내려놓고 다만 그 자리에서 최선을 다하는 것, 그러니까 자기가 할 수 있는 본분을 지키고, 그것을 하고, 그것을 지키되 하나님께 전적으로 의지하고 맡기는 것, 그게 중요한 거 같아요.
- 전기컴퓨터공학부 김Y.Y.

주일 예배만큼은 정말 열심히 나갔는데, 주변에 같은 기숙사에 있는 애들 보면 교회 다니는 애들도 시험 기간 때는 교회 안 가는 애들이 꼭 있어요. 그런데 솔직히 열람실 책상에 애들 쫙 앉아 있으면 불안할 수밖에 없잖아요. 나는 예배 때문에 몇 시간 동안 공부를 못하는데 애들은 그 시간에 공부를 하니까, 그런 마음이 있단 말이에요. 그래서 시험 기간에 교회 안 가는 애들이 생기는 거 같아요. 근데 제 생각은, 정말 하나님이 전능하신 분이라면 그걸 채워주실 수 있다고 믿어요. 이 말씀도 있잖아요.
"너희는 먼저 그의 나라와 그의 의를 구하라 그리하면 이 모든 것을 너희에게 더하시리라"(마태복음 6:33)
저는 이 말씀을 믿어요. 지금 대학교 와서 고등학교 때 믿음 생각하면 좀 우습지만 그런 생각을 가지고 있었다는 게 스스로한테 기특한 거 같아요. 주일 만큼은 따로 시간을 내서 하나님께 예배하면 정말 하나님께서 채워주실 것을 믿었던 게 많은 도움이 됐어요. - 전기공학부 강T.H.

21일

좋은 시험 감독관을 만나 불이익을 보지 않게 하소서

기도하기 전 읽고 묵상할 성구

"여호와(하나님)께서 요셉과 함께 하시고 그에게 인자를 더하사 간수장에게 은혜를 받게 하시매"(창세기 39:21)

the LORD was with him; he showed him kindness and granted him favor in the eyes of the prison warden.

"주여 구하오니 귀를 기울이사 종의 기도와 주의 이름을 경외하기를 기뻐하는 종들의 기도를 들으시고 오늘 종이 형통하여 이 사람들 앞에서 은혜를 입게 하옵소서 하였나니 그 때에 내가 왕의 술 관원이 되었느니라"(느헤미야 1:11)

O Lord, let your ear be attentive to the prayer of this your servant and to the prayer of your servants who delight in revering your name. Give your servant success today by granting him favor in the presence of this man." I was cupbearer to the king.

주님은 나의 빛이요, 방패시요, 구원이시며,
나의 생명의 능력이 되시므로,
누구를 두려워하거나 무서워할 필요가 없게 하신
전지전능하신 주님을 찬양하며 감사합니다.

모든 사람들과의 관계를 주관하시는 주님,
"그들이 부르기 전에 내가 응답하겠고 그들이
말을 마치기 전에 내가 들을 것이며"(사 65:24)라고
하신 주님의 약속을 강하게 붙들고 기도합니다.

살면서 만나는 모든 사람마다 주님의 큰 뜻이
담겨있다는 것을 알게 하시고,
시험을 보는 매시간 시험 감독을 보러
선생님들이 들어올텐데…
주님, 들어오는 시험 감독관에게도 복을 주셔서
온유하게 하시고 평소 준비한 것을

잘 풀 수 있게 해주소서.

저와 함께 시험 치는 학생들에게도
피해가 가지 않도록 주관하여 주시고,
면접 때에도 에스더와 다니엘처럼
좋은 감독관을 만나게 하소서.
그래서 모든 것이 합력하여 선을 이루게 하시어
주님의 뜻이 이루어지게 해주소서.

만남을 통해 성장시키시는 좋으신
예수님의 이름으로 기도합니다. 아멘.

노력이 적으면 얻는 것도 적다.
인간의 재산은 그의 노고에 달렸다.
- 헤리크 -

파이팅

22일

모르는 문제 답을 찍을 때
맞는 답을 찍게
하소서

기도하기 전 읽고 묵상할 성구

"제비는 사람이 뽑으나 모든 일을 작정하기는 여호와(하나
님)께 있느니라"(잠언 16:33)

The lot is cast into the lap, but its every decision is
from the LORD.

전지전능하신 능력의 주님을
경배하며 송축합니다.

현재의 고난은 장차 나타날 영광과
족히 비교할 수 없다고 말씀하시며
눈물로 씨를 뿌리는 자는 기쁨으로 단을
거둔다고 약속하신 주님,

"내가 여호와(하나님)께 간구하매 내게 응답하시고
내 모든 두려움에서 나를 건지셨도다"(시 34:4)라고
고백한 시편 기자의 마음으로 이 시간
주님께 세세한 것까지도 간구합니다.

씨를 뿌리는 마음으로 하루하루 수능을 준비하는
저에게 넘치는 복을 내려 주소서.
시험 때 문제를 더 쉽게 이해하고, 공부한 것이

새록새록 기억나게 하시며
단순한 계산문제를 넘어서
응용문제도 당황하지 않고 쉽게 풀게 해주소서.
혹시 답을 모르는 문제가 나와 답을 찍을 때도
모든 삶이 주님의 손안에 있사오니
맞는 찍을 수 있게 주님께서
마음과 손을 강력하게 주장해 주소서.
문제를 푸는 지혜와 응용력과 통찰력에
담대함과 자신감까지 더하여 주소서.

주님의 손길로 지도해 주시는
예수님의 이름으로 기도합니다. 아멘.

내 비장의 무기는 아직 손안에 있다.
그것은 희망이다.
- 나폴레옹 -

23일

비교의식, 패배의식,
열등의식이 없게
하소서

기도하기 전 읽고 묵상할 성구

"우리는 그가 만드신 바라 그리스도 예수 안에서 선한 일을 위하여 지으심을 받은 자니 이 일은 하나님이 전에 예비하사 우리로 그 가운데서 행하게 하려 하심이니라"(에베소서 2:10)

For we are God's workmanship, created in Christ Jesus to do good works, which God prepared in advance for us to do.

우리를 하나님 자녀로 삼아주신 주님,
생명을 주시기까지 우리를 사랑하시며,
우리의 모든 생각을 아실 뿐 아니라
귀히 여겨주심을 감사합니다.

"내가 나의 목소리로 여호와(하나님)께
부르짖으니 그의 성산에서 응답하시는도다"
(시 3:4)라는 시편 기자의 고백을
이 시간 저의 것으로 삼아 간구합니다.

세상엔 여러 계층의 사람이 있지만,
그와 상관없이 주님의 존귀한 자녀입니다.
남들과 자신을 비교하지 않게 하시고,
열등하게 느끼지 않도록 해주시고,
주님의 보배로운 피로 산바가 된
주님의 걸작품임을 깊이 깨닫고

주님이 크게 쓰기 위해 훈련중임을 믿게 하소서.

모든 사람마다 자신의 달란트가 있사온데
저의 달란트를 깨닫게 하시고
주님이 주신 목표를 향해 노력하며
전진해나가는 믿음의 일꾼되게 인도하여 주시고,
반드시 큰 일을 이루고
큰 승리를 거두게 해주소서.

언제나 변함없이 사랑해 주시는
예수님의 이름으로 기도합니다. 아멘.

성실한 판단으로 자신을 판단하고
사랑의 판단으로 남을 판단하라.
- 존 M. 메이슨 -

24일

시험 당일 생리현상에
문제없게 하소서

기도하기 전 읽고 묵상할 성구

"주께서 내 내장을 지으시며 나의 모태에서 나를 만드셨나이다 내가 주께 감사하옴은 나를 지으심이 심히 기묘하심이라 주께서 하시는 일이 기이함을 내 영혼이 잘 아나이다"(시편 139:13,14)

For you created my inmost being; you knit me together in my mother's womb. I praise you because I am fearfully and wonderfully made; your works are wonderful, I know that full well.

우리를 창조하실 때 신묘막측하게 지으신 주님,
시편 기자의 증언처럼 "내가 간구하는 날에
주께서 응답하시고 내 영혼에 힘을 주어
나를 강하게 하셨나이다"(시 138:3)라고
고백할 수 있도록 도우시는 주님을 찬양합니다.

주님께서 저의 소화기관을 주관하시어
시험시간 중에도 모든 장기들이 건강하고
평안하게 해주소서.
중간에 화장실을 가는 일로 집중력을
잃지 않게 하시고, 모든 기관도 정상적으로 활동해
이유 없는 통증이 생기지 않게 해주소서.

긴장하지 않고 좋은 컨디션을 주셔서
시험을 잘 치를 수 있도록 인도해 주소서.
모든 생리적 현상이 시험을 치르기에

가장 적합하고, 평안한 마음을 주시고
올바른 조화를 이루게 해주소서.

기침 한 번 없이 건강히 시험을 치르게 하소서.
건강한 몸과 건강한 정신으로 모든 과정을
밟게 하시고, 기억력도 좋아지게 해주셔서,
잊었던 것도 새록새록 기억나
기대 이상으로 좋은 성적을
낼 수 있게 해주소서.

모든 것을 주님께 맡기며
예수님의 이름으로 기도합니다. 아멘.

자연과 시간과 인내는 3대 의사다.
- H.G. 보운 -

25일

생각과 논리를 주관하시어
국어 시험을
잘 치게 하소서

기도하기 전 읽고 묵상할 성구

"사람의 마음에 있는 모략은 깊은 물 같으니라 그럴지라도
명철한 사람은 그것을 길어 내느니라"(잠언 20:5)

The purposes of a man's heart are deep waters, but a
man of understanding draws them out.

주님께서 내게 베푸신 모든 은택을 기억하며
내 생명을 파멸에서 구속해 주신 주님을
내 속에 있는 것들이 다 송축합니다.

우리의 모든 생각과 말을 아시는 주님,
수능 시험에서 좋은 점수를 받기 위해서
기도합니다.
시편 기자가 "하나님이여 내게 응답하시겠으므로
내가 불렀사오니 내게 귀를 기울여 내 말을
들으소서"(시 17:6)라며 기도하는 심정으로
주님께 간구합니다.

제가 국어 시험을 잘 치르게 도와주소서.
우리에게 언어를 주신 분은 주님이십니다.
시험문제를 받았을 때 담대하게 하시고,
올바로 이해하게 하시고, 서로 관련된 일들을

논리적으로 분석해 바른 사고를 하도록
생각과 논리와 표현을 주관하여 주소서.

문장의 의미를 잘 이해하고
바른 답을 쓰게 해주소서.
또한 긴 문장을 잘 기억해 답안을 여유있게
검토하며 실수를 예방하는 여유를 갖게 하시어
국어 시험을 잘 치러 좋은 성적을 얻게 해주소서.

시험의 시종일관을 주님께 맡기며
예수님의 이름으로 기도합니다. 아멘.

그것을 하러 나는 왔다.
그것만을 생각하면 된다.
- 헤밍웨이 -

공부하는 진짜 목적

고등학교 2학년 때 엄청 믿음이 좋은 젊은 여자 선생님과 여름 수련회를 갔는데 저는 그냥 조용히 건조하게 기도하는데 선생님이 갑자기 제 손을 잡고 엉엉 울면서 기도하셨어요.

근데 그때 '아 나를 위해서 기도해주는 사람도 있구나'라는 생각에 좋았어요. 그러면서 선생님이 걱정의 눈으로 "얘야, 너 공부하는 진짜 목적이 있어야 한다"라고 말씀하셨어요. '무슨 말이지?'라고 생각했는데 선생님께서 "하나님이 주시는 목적이 있어야 한다"라고 말씀하셨어요.

그 말을 들은 후부터 이상하게 공부를 할 때마다 자꾸 그 말이 떠올랐어요. 그때 꿈이 외과 의사였고 의대에 가고 싶었거든요. 근데 그 말을 듣고 몇 달 후에 갑자기 의료선교사를 해야겠다는 생각이 들어서 열심히 했어요. 외과 의사를 목표로 열정적으로 완전 열심히 공부했어요. 사실 제 능력, 제 머리, 제 힘으로는 그런 공부를 할 수 없었을 거예요.

그러다가 고3으로 넘어가는 겨울방학 때, 제가 갑자기 찬양 팀을 하겠다고 했어요. 주님을 알고 싶었던 거예요. 그래서 고3 때 성경을 보기 시작했어요.

처음엔 싫었어요. 지루하고 재미없고, 또 뭔 말인지도 모르겠더라고요. 고3 때 거의 매주 예배에 나갔고, 학원에서 보강 잡으면 고3인데 "교회시간 겹쳐요!" 이러고 교회 가고 그랬어요. 그러다 보니 자연스럽게 하나하나 알아져 갔어요. 물론 선생님들은 걱정하셨어요. 그런데 먼저 '하나님 찾는 게 더 중요해'라는 마음이 있었던 것 같아요. - 화학생물공학부 김M.H.

교회 생활에 충실하면서 공부 열심히 하는 비법

저는 주일에는 공부를 못하니까 주중에 체계적으로 공부를 해야
했어요. 저 같은 경우에는 임원회나 기도회가 토요일 오전에 있
어서 교회에 가서 공부하려고 마음먹고 가도 그게 잘 안돼서 월,
화,수,목,금을 알차게 써야 했어요.

공부를 시작하기 전에 저는 일단 머리를 워밍업했어요.
바쁘다고 공부 시작하자마자 어려운 문제부터 들이대면 안 되고
워밍업을 해야 해서 아침에는 쉬운 거부터 했어요. 일단 하나님
말씀부터 보고 시작하고 생각을 했어요. 그래야지 머리가 돌아갔
어요. '머리를 열어달라'라고 기도도 했어요. 준비가 안 되면 진짜
쉬운 문제도 틀리거든요. 처음부터 달리려고 생각하지 말고 천천
히 올라가야 해요. 그리고 속도를 슬슬 올려야 해요.

특히 언어영역이 까다로운데 아침에 잠이 덜 깨서 언어영역부터
부팅을 하려고 하면 처음에는 부팅이 잘 안돼 힘들었어요.
그리고 공부할 때 이과 과목끼리 연달아 하면 지쳐요.
예를 들어 국어를 하고 사회를 하고 영어를 보면 글을 한참 보잖
아요. 특히 사회를 풀다가 국어의 긴 지문이 나오면 피곤해요. 잠
도 오고 이해도 안 돼요. 그래서 저는 좀 섞었어요. 그렇게 하다
가 내가 속도가 떨어진다 싶으면 다른 걸로 돌렸어요. 안 되는 걸
끝까지 붙잡고 늘어지면 지쳐요. - 사회학계열 이J.H

26일

유연한 사고로
수학 시험을
잘 치게 하소서

기도하기 전 읽고 묵상할 성구

"하나님의 영을 그에게 충만하게 하여 지혜와 총명과 지식으로 여러 가지 일을 하게 하시되"(출애굽기 35:31)

And he has filled him with the Spirit of God, with skill, ability and knowledge in all kinds of crafts-

우리를 구원해 주시고
우리를 인도해 주시며
우리의 머리카락 숫자까지 다 아시는 주님!

주님께서 "네가 부를 때에는 나 여호와(하나님)가
응답하겠고 네가 부르짖을 때에는
내가 여기 있다 하리라"(사 58:9)라고 분명하게
약속하심을 감사합니다.

저의 수학 시험을 위해 기도합니다.
수학은 다양한 응용문제들이 나온다고 합니다.
주님, 그 문제들에 당황하지 않게 하시고
평소보다 더 유연한 사고능력으로
올바른 답을 찾아 쓰게 해주소서.

처음 풀이부터 꼼꼼하게 풀어나감으로 자신감 있

게 모든 문제에 맞는 답을 적을 수 있게 하시고,
저에게 지혜를 주셔서
수학의 원리를 잘 이해하게 해주소서.
또한 시험 이후에 미련 없이 다음 시간을
준비하게 하시고,
생각한 대로 시험이 잘 치러지지 않더라도
포기하지 않고 도전하게 해주소서.
그리고 그 결과를 주님께 맡기게 해주소서.
주님께서 이루어 주실 줄 믿습니다.

모든 것의 해답이 되시는
예수님의 이름으로 기도합니다. 아멘.

생각이야말로 진정한 힘이다.
생각은 에너지인 것이다.
- 앤드류 매튜스 -

27일

지혜와 지식을 더하여
영어 시험을
잘 치게 하소서

기도하기 전 읽고 묵상할 성구

"너희가 기도할 때에 무엇이든지 믿고 구하는 것은 다 받으리라 하시니라"(마태복음 21:22)

If you believe, you will receive whatever you ask for in prayer.

내 영혼이 주님을 송축합니다.
주님은 심히 위대하시며
존귀와 권위로 옷 입으셨으며(시 104:1)
만물을 창조하시고 운행하시는 주님이십니다.

주님을 경외하는 것이 모든 지식의 근본임을
철저히 믿습니다.
모세에게 말씀하시기를 "너는 그에게 말하고
그의 입에 할 말을 주라 내가 네 입과 그의 입에
함께 있어서 너희들이 행할 일을 가르치리라"
(출 4:15)라고 하신 주님, 모든 언어의 능력은
주님께 있음을 고백합니다.

주님, 영어 시험을 치를 때도
지혜와 지식을 더하여 주소서.

솔로몬에게 주셨던 지혜를 주셔서
많은 문제들을 풀어나갈 때에 영어 단어나
문장들이 헷갈리지 않게 하시고 함정에
빠지지 않고 문제들을 차근차근 풀게 해주소서.

또한 식사를 마치고 난 후라 졸릴 수도 있고
화장실이 급해질 수도 있으니 사전에 준비하고
적당한 긴장감을 유지해 잠을 쫓고 집중하여
시험을 잘 치를 수 있게 이끌어 주소서.

늘 승리하게 하시는
예수님의 이름으로 기도합니다. 아멘.

슬기로운 사람의 눈은 머릿속에 있다.
- 솔로몬 -

놀라운 집중력으로
한국사/탐구(사·과·직) 시험을
잘 치게 하소서

School Life

사회

기도하기 전 읽고 묵상할 성구

"명철한 자의 마음은 지식을 얻고 지혜로운 자의 귀는 지식
을 구하느니라"(잠언 18:15)

The heart of the discerning acquires knowledge; the
ears of the wise seek it out.

우주 만물을 창조하시고 운행하시며
우리의 생사화복도 주관하시는
위대하고 강하신 주님을 찬양합니다.
주님을 따르는 모든 자들에게
능력과 은혜 주심을 또한 감사합니다.

"은혜의 때에 내가 네게 응답하였고 구원의 날에
내가 너를 도왔도다"(사 49:8)라고 말씀하신 주님!
주님의 도움이 절실히 필요합니다.

주님, 제가 한국사와 탐구영역 시험을
잘 치게 도와주소서.
특히 이 과목은 암기할 내용이 많은데
긴장감으로 내용을 잊지 않게 하시고,
문제와 연관된 해답을 잘 찾게 해주소서.
모든 문제들을 객관적인 시각에서 바라봄으로

가장 합리적으로 맞는 답을 찾게 해주소서.

그리고 긴 시험시간 동안 기도하며
어떤 상황에도 긴장하거나, 스트레스 받지 않고
담대하고 당당하게 두려움 없이
끝까지 집중할 수 있도록 도와주소서.
또한 순간순간 주님을 의지하게 하소서.
모르는 문제로 인해 당황하지 않고 아는 것부터
잘 풀어나가게 지혜를 주소서.

모든 순간마다 함께 하실 줄 믿으며
예수님의 이름으로 기도합니다. 아멘.

불멸의 육체는 없다.
불굴의 정신이 있을 뿐이다.
- 에베렛 -

29일

탁월한 기억력으로 제2외국어/한문 시험을 잘 치게 하소서

川

天

地

*

漢字

"마음의 경영은 사람에게 있어도 말의 응답은 여호와(하나님)께로부터 나오느니라"(잠언 16:1)

To man belong the plans of the heart, but from the LORD comes the reply of the tongue.

우리를 먼저 사랑해 부르시고
우리를 영원토록 사랑하시는 주님,
말로 다할 수 없는 은혜에 감사드립니다.

흔들리지 않는 화평의 언약을 맺은 주님께서
우리에게 약속하기를 "네 모든 자녀는
여호와(하나님)의 교훈을 받을 것이니
네 자녀에게는 큰 평안이 있을 것이며"(사 54:13)
라고 하셨사온데 제2외국어와 한문 시험까지도
아주 좋은 성적을 얻게 해주소서.

외운 단어들이 잘 생각나게 하시고, 많은 문장을
해석하는 중에 그 의미를 잘 파악하여
문제가 요구하는 답을 바르고 빠르게
찾아낼 수 있도록 인도하여 주소서.

또한 제2외국어와 한문 공부가 단순히
점수를 얻기 위해서가 아니라
진정한 실력으로 쌓여
주님 일에 쓰임 받게 인도하여 주소서.

오순절에 있었던 방언의 역사를 기억하게 하시고,
또한 시험 이후에 있을 원서접수와 면접까지
주님께서 함께 해주소서.

좋은 결과로 주님께 영광 돌릴 것을 믿으며
예수님의 이름으로 기도합니다. 아멘.

한 번 마음 판에 새겨진 것,
그것은 절대로 사라지지 않는다.
- 헨리 워드 비처 -

30일

하나님이 지으신 목적들을
알아가게 하시고
대학에 입학해서도
신앙을 견고케 하소서

"이 백성은 내가 나를 위하여 지었나니 나를 찬송하게 하려 함이니라"(이사야 43:21)

The people I formed for myself that they may proclaim my praise.

모든 영광과 감사, 찬송 받기에 합당하신 주님,
저를 이 땅에 태어나게 하시고, 주님의 뜻을 이루
는데 필요한 강력한 힘을 주심을 감사합니다.

"너희는 먹든지 마시든지 무엇을 하든지 다
하나님의 영광을 위하여 하라"(고전 10:31)라고
말씀하시며 우리의 모든 필요를 공급해주시는
사랑의 주님, 감사합니다.

오늘도 공부에 매진해
즐겁게 공부하면서, 주님의 십자가의 공로를
감사하게 해주시고, 주님의 구원과 은혜와 목적이
무엇인지 알게 해주소서.

또한 저에게 주님께서 지으신 목적에
합당하게 살아가고자 하는 마음을 주시고,

거친 이 세상에서 승리하며
빛과 소금으로서의 역할을
잘 감당할 수 있도록 이끌어 주소서.

그리하여 언제나 주님께 순종하는 삶으로
주님의 뜻을 이루며 살도록 해주시고,
대학에 가서도 더 굳건한 믿음 생활을 하게 하소서.
저의 삶에는 주님이 답입니다.

언제나 넘치고 후한 복 주시는
예수님의 이름으로 기도합니다. 아멘.

겸손한 자만이 다스릴 것이요,
애써 일하는 자만이 가질 것이다.
- 에머슨 -

나의 과목 공부법

언어는 사람들이 점수가 잘 안 오른다고 해요. 그래서 EBS교재를 많이 이용했어요. TV로 방송하는게 있고 인터넷으로 방송하는 게 있기 때문에 부교재도 많이 이용했었어요. 그리고 수능에도 EBS에서 많이 나온다고 들었어요.

언어영역을 안 풀다가 딱 접하면 빨리 시간 안에 못 풀겠는 거예요. 그래서 저는 시간을 정해서 한 지문당 몇 분, 시간을 딱 정해놓고 체크하며 풀었어요.

수학은 예전부터 좀 싫어했어요.
고1 때부터 모의고사를 치잖아요. 그러면 수학 점수가 항상 극과 극으로 갈리는 거예요. 제가 수학은 공포증을 많이 가지고 있다고 느꼈어요.
수학공부는 1학년 때 정석을 많이 보고 EBS도 많이 애용했거든요. 기출문제 자주자주 풀었죠. 역시 모든 과목에 있어서 감을 잃지 말아야 된다는 걸 많이 느꼈던 것 같아요. 수험생들이 모든 과목보다도 수학에 응어리같은 걸 많이 가지고 있다고 생각해요. 그리고 아예 포기해 버리는 애들도 많고요. 그런데 어느 정도 하면 그게 언어보다는 훨씬 더 점수로 바로 직결이 되는 거 같으니 희망을 가지고 조금씩이라도 하는 게 필요한 거 같아요.

외국어는 좋아했어요.
제가 초등학교 때부터 팝송과 영어 찬양을 많이 즐겨 들었거든요. 영어 노래를 들으면서 멜로디는 좋은데 가사를 다 파악할 수 없으면 사전으로 찾았는데 그때는 전자사전을 못 사서, 가사 같은 거 적어서 막 달달달 외우고 다녔어요. 그러니 딱딱딱 머리에 박히는 거예요. 중학교 때 팝송을 들은 게 헛된 게 아니었어요. 그래서 영어에 부담감도 없어졌고, 단어도 많은 걸 알게 되었어요.

애들이 저한테 "어떻게 영어를 잘하냐?"라고 많이 물어봤어요. 그럼 저는 단어를 외워야 된다고 말했어요. 특히 영어는 우릴 배신하지 않아요. 그렇다고 해서 뭐 갑자기 귀가 빵빵빵 뚫리는 건 아닌데, 친밀감을 많이 쌓는 게 중요한 거 같아요.

사탐은… 저는 역사를 많이 했어요.
국사하고 세계사하고 근현대사 한꺼번에 다 했어요. 국사는 서울대 들어오려면 문과에서는 필수적으로 해야 되는 건데, 근현대사도 자주 하는데 세계사는 가장 적게 해요. 너무 방대하고, 세계사이기 때문이에요. 저는 어차피 역사하는 김에 같이 연관돼서 하는 게 전체적으로 볼 수 있어 좋았어요.

과탐은 문제 풀면서 많이 공부를 했었거든요.
개념 같은 거는 학교 수업 하는 걸로 했어요. 학교 수업하고, 인터넷 강의는 필요한 부분만 했어요. 그리고 모의고사를 주로 많이 했었는데, 사설이든 기출문제든 수능 기출이든 상관없이 그냥 풀면서 틀리거나 잘 모르겠다 싶으면 따로 공부하거나 선생님한테 물어보는 식으로 한 게 많이 도움이 된 거 같아요.
- 경영학부 김K.M.

공부시간 계획 세우는 것에 대하여…

일단 계획을 세울 때는 무리하지 않게 세웠으면 좋겠어요.
계획을 세울 때 너무 무리하게 세우게 되면 작심삼일이 됩니다.

자기가 할 수 있는 게 어디까지인지, 내 능력이 어디까지인지 자신의 능력을 파악하는 게 중요합니다. '지피지기면 백전백승'이라고 하잖아요. 일단 자신을 아는 것이 굉장히 중요하다고 생각해요. 그래서 먼저 스스로를 알았으면 좋겠습니다.
먼저 '내가 어느 정도까지 공부할 수 있는가?', '내가 어느 정도까지 공부하면 질리지 않고 집중을 할 수 있으면서, 효율적으로 공부할 수 있는가?' 그것을 알았으면 좋겠습니다.

그래서 맨 처음에 공부를 시작할 때 '나는 한 시간 이상 공부할 수 없겠다' 싶으면 한 시간부터 시작하면 됩니다. 그 후 자꾸 자꾸 늘려나가면 됩니다.
첫 주에는 한 시간 동안 매일 공부를 하고 이걸 성공했다면 세 시간 늘려보고 네 시간 늘려보고 차근차근 늘려 가면 됩니다.
처음부터 무리할 필요는 없습니다. 시간이 적다고 생각해도 이게 자꾸 쌓이게 되면 엄청난 시간이 되거든요. 그리고 이 버릇을 자꾸 유지시켜 가다 보면 어느새 계획을 잘 세우고 공부할 수 있는 자신을 보게 될 거예요.

그리고 계획 없이 공부하는 것에 대해서도 말하고 싶은데…

계획 없이 공부하는 게 잘 맞는 사람도 있어요.

그런데 계획 없이 공부를 하다 보면 자기가 뭘 공부해야 할지 모르는 경우가 있습니다. 그래서 자기가 좋아하는 공부만 하게 되고, 공부를 분명히 하긴 했는데 하루 지나고 나면 뭘 공부했는지 모르는 학생이 있어요.

그래서 공부는 최소한의 계획 정도는 세워 두는 게 좋은 것 같습니다. 전체적인 틀이라도 잡아두고 공부하면 아주 계획이 없이 공부하는 것보다는 조금은 낫거든요.

그리고 계획을 세울 때 융통성을 발휘했으면 좋겠어요.

자기가 집중 할 수 있는 게 세 시간이면 세 시간으로 잡는 게 아니라 다섯 시간 정도로 잡아서 조금 여유를 두고 하십시오.

하루를 지내다 보면 어떤 일이 발생할지 모릅니다. 그러니까 융통성 있는 계획을 세워서 언제나 자기가 잘 파악해 두는 게 중요하다고 생각합니다. - 전기공학부 강T.H.

• • •

고3 때는 자율 학습 시간이 많으니까 자율 학습 시간에는 어떤 걸 할지 대충 짜여 있었죠. 근데 일부러 빡빡하게 안 짰어요. 너무 빡빡하게 짰는데 피곤해서 졸기라도 하면 아예 뒤에까지 다 망가져 버리니까 좀 쉬는 틈 같은 거 가지고 융통성 있게 시간 관리를 했어요. 어느 정도 큰 틀은 필요한데 몇 분 단위로까지 짜는 건 필요가 없었던 것 같아요.

사람마다 다 다르니까요. 자기가 공부하다 보면 이 시간 정도면 어느 정도 할 수 있다는 것을 알게 되죠. 자꾸 해보면서 파악하는 게 좋은 것 같아요. - 공과대학 화학생물공학부 이Y.B.

365일 자녀 축복 안수 기도문

365일 번성을 위한 축복 기도문

365일 부모를 위한 무릎 기도문

대입 합격을 위한
수험생 무릎 기도문

엮은이 | 편집부
발행인 | 김용호
발행처 | 나침반출판사

제1판 발행 | 2020년 9월 1일

등 록 | 1980년 3월 18일 / 제 2-32호
본 사 | 07547 서울특별시 강서구 양천로 583
　　　　 블루나인 비즈니스센터 B동 1607호
전 화 | 본사 (02) 2279-6321 / 영업부 (031) 932-3205
팩 스 | 본사 (02) 2275-6003 / 영업부 (031) 932-3207
홈 피 | www.nabook.net
이 멜 | nabook365@hanmail.net
일러스트 제공 | 게티이미지뱅크/ iStock

ISBN 978-89-318-1600-6
책번호 바-1051

값은 뒷표지에 있습니다.